BEI GRIN MACHT SICH IHR
WISSEN BEZAHLT

- Wir veröffentlichen Ihre Hausarbeit,
  Bachelor- und Masterarbeit

- Ihr eigenes eBook und Buch -
  weltweit in allen wichtigen Shops

- Verdienen Sie an jedem Verkauf

Jetzt bei www.GRIN.com hochladen
und kostenlos publizieren

Michael Fischer

Delisch-attischer Seebund Hausarbeit

GRIN Verlag

Bibliografische Information der Deutschen Nationalbibliothek:

Die Deutsche Bibliothek verzeichnet diese Publikation in der Deutschen National-
bibliografie; detaillierte bibliografische Daten sind im Internet über http://dnb.d-
nb.de/ abrufbar.

Impressum:

Copyright © 2001 GRIN Verlag, Open Publishing GmbH
Druck und Bindung: Books on Demand GmbH, Norderstedt Germany
ISBN: 978-3-640-78434-9

Dieses Buch bei GRIN:

http://www.grin.com/de/e-book/163831/delisch-attischer-seebund-hausarbeit

GRIN - Your knowledge has value

Der GRIN Verlag publiziert seit 1998 wissenschaftliche Arbeiten von Studenten, Hochschullehrern und anderen Akademikern als eBook und gedrucktes Buch. Die Verlagswebsite www.grin.com ist die ideale Plattform zur Veröffentlichung von Hausarbeiten, Abschlussarbeiten, wissenschaftlichen Aufsätzen, Dissertationen und Fachbüchern.

Besuchen Sie uns im Internet:

http://www.grin.com/

http://www.facebook.com/grincom

http://www.twitter.com/grin_com

Hauptseminar   WS 2000/01

Athen und Sparta – ein Systemvergleich   Ruhr- Universität Bochum

Dozent:

Referent: Michael Fischer

Schriftliche Ausarbeitung des Referatthemas (unbenoteter Leistungsnachweis)

Der

Delisch- attische Seebund

Michael Fischer

Inhaltsverzeichnis

1   EINLEITUNG 3

2   DELISCH- ATTISCHER SEEBUND ALS INSTRUMENT DER MACHT 3

    2.1   HISTORISCHE AUSGANGSITUATION (480-77) 3

    2.2   GRÜNDUNG DES DELISCH- ATTISCHEN SEEBUNDES 7

    2.3   AMBITIONEN DER ATHENER 9

    2.4   AMBITIONEN DER BÜNDNER 11

    2.5   ENTWICKLUNG DER KRÄFTEVERHÄLTNISSE INNERHALB DES DELISCH- ATTISCHEN SEEBUNDES 13

3   SCHLUSSBETRACHTUNG 15

4   LITERATURVERZEICHNIS 17

    4.1   PRIMÄRQUELLEN 17

    4.2   SEKUNDÄRQUELLEN 17

1 Einleitung

Im Jahre 478/77 kam es mit der Gründung des delisch- attischen Seebundes zu einer Erstarkung Athens. War er anfangs noch als gleichberechtigtes Bündnis zwischen den Städten gegründet, so wurde er schließlich ein Instrument der athenischen Macht, die ihn nicht nur einsetzte um seine Interessen in Kleinasien zu verfolgen, sondern auch, um gegen das mächtige Sparta im peloponnesischen Krieg zu agieren. Welche Rolle Athen hierbei zukam und inwieweit Athen schon zum Zeitpunkt der Gründung an einem Hegemoniewechsel gelegen war, soll in dieser Arbeit hinterfragt werden. In der Forschungsliteratur wird diese Frage kontrovers diskutiert und schließt man sich der These an, dass Athen schon mit der Begründung des delisch- attischen Seebundes einen solche Machtstellung anstrebte, so muss sich zu diesem Zeitpunkt schon ein langfristiges Konzept erkennen lassen, das Athen zur Erreichung dieses Ziels verfolgt hat. Aus diesem Grund werde ich zu Beginn meiner Arbeit auf die Ereignisse ab 480 v. Chr. eingehen und versuchen die Rolle Athens zu erläutern. Im weiteren Verlauf meiner Arbeit werde ich die Ambitionen der Bündnispartner näher betrachten, die schließlich erst zu einer Gründung eines Bündnisses führen konnten. In einem letzten Teil werde ich die Entwicklung des Seebundes unter athenischer Herrschaft näher betrachten und auch die Voraussetzungen, die schließlich zu einem Hegemoniewechsel unter der Führung Athens führten.

2 Delisch- attischer Seebund als Instrument der Macht

2.1 Historische Ausgangsituation (480-77)

Warum kam es zu der Gründung des delisch- attischen Seebundes? Diese Ausgangsfrage lässt sich nur dann klären, wenn wir die Ausgangslage Griechenland zwischen 480-77 näher betrachten. 481 kam es zur Schließung des Hellenbundes zum Schutz gegen die Perser. Sparta war dessen Hegemon. Nach der Schlacht von Mykale im Sommer 479 v. Chr. Trafen sich dessen Mitglieder auf Samos, um über das Schicksal der Ionier zu beraten, die von dem persischen Großkönig abgefallen waren zu entscheiden. Herodot schreibt dazu:

„Und wie die Hellenen nach Samos geommen, hielten sie Rat, ob man die Ioner aus ihrem Lande wegführen und in welchem Teile von Hellas, der in ihrer Gewalt wäre,

man ihnen Wohnplätze anweisen sollte; Ionien aber sollte man den Barbaren überlassen. Denn es wäre ihnen doch offenbar unmöglich, Ionien zu verteidigen[…].[1]

Für diesen Plan sprachen sich vor allem die Mitglieder des peloponnesischen Bundes unter der Führung Spartas aus. Die Gründe sieht Smarczyk vor allem darin, dass die Spartaner ein längerfristiges Engagement in Kleinasien ablehnten. Sparta verfügte nicht über hinreichende Seestreitkräfte, ihre Stärke lag bei den Landstreitkräften. Mit einer Umsiedlung der Ionier wäre das Problem, ohne sich auf eine erneute Auseinandersetzung mit den Persern einlassen zu müssen, gelöst gewesen.[2] Ein weiterer Punkt konnte die Ansiedlung der Ionier in den Gebieten der Perserfreunde gewesen sein, um damit eine Strafaktion gegen diese durchzuführen.

Bei Herodot erfahren wir weiter:

„Darauf waren die Beamten der Peloponnesier der Meinung, man sollte die hellenischen Völker, die auf medischer Seite gewesen, aus ihren Seeplätzen verjagen und das Land den Ionern zur Wohnung einräumen."[3]

Smarczyk geht davon aus, dass die Ionier selbst von der Umsiedlung nichts hielten. So hätte die Preisgabe des ionischen Festlandes für die Inseln bedeutet, dass sie künftig zur Frontlinie werden würden. Entscheidend aber seien die wirtschaftlichen Nachteile, die im Falle einer Umsiedlung für die ionische Oberschicht entstehen würden.[4] Diodor weiß diesbezüglich gegenteiliges zu berichten:

„Die Aioler und Ionier, die von den Zusagen hörten, beschlossen, dem Rate der Griechen zu folgen, und rüsteten sich schon, mit ihnen zusammen nach Europa zu segeln."[5]

Auch die Athener schienen gegen eine Umsiedlung der Ionier zu sein:

„Die Athener aber waren durchaus nicht der Meinung, dass Ionien sollte verlassen werden […]"[6].

Sie wandten sich also gegen die Pläne der Peloponnesier. Meyer sieht dies differenzierter. So hätten die Athener sich zwar gegen diese Pläne ausgesprochen, jedoch erst nachdem sich abzeichnete, dass die Ionier dem nicht widersprechen würden.[7] Athen müsse hiernach also ein politisches Konzept verfolgt haben, welches

---

[1] Herodot, 9, 106.
[2] Smarczyk: 1990, S. 408.
[3] Herodot, 9, 106.
[4] Smarczyk: 1990, S. 415.
[5] Diod. 11, 37.
[6] Herodot, 9, 106.
[7] Meyer: 1963, S. 417.

auf längere Sicht Sparta die Hegemonie abnehmen sollte.[8] Ob es ein solches Konzept gab soll später noch genauer betrachtet werden. In den Quellen jedenfalls lassen sich diesbezüglich keine konkreten Hinweise finden. Bei Herodot lesen wir weiter:

„Und wie sie sich so hartnäckig dagegensetzten, gaben die Peloponnesier gerne nach."[9]

Warum gaben die Peloponnesier bzw. Sparta dem nach? Erkannten sie nicht die politischen und militärischen Möglichkeiten, die sich für Athen von nun an bieten würden? Petzold schreibt, dass Athen sich auf seine Metropolisstellung gegenüber den Ioniern berufen habe. Nicht Sparta, sondern Athen stehe es zu über die Zukunft der Ionier zu entscheiden.[10] Diese These findet bei Diodor Rückhalt:

„Die Athener jedoch rieten ihnen, an Ort und Stelle zu bleiben, wobei sie betonten, dass, selbst wenn keiner von den sonstigen Griechen ihnen Hilfe leisten wolle, die Athener unabhängig von diesen als ihre Blutsverwandten sie unterstützen würden."[11]

Auch bei Thukydides lässt sich ein Hinweis auf die mögliche Metropolisstellung Athens gegenüber den Ionier finden: Ionien wie auch die meisten Inseln wurden von Athen aus, Italien und Sizilien meist vom Peloponnes und der oder jener anderen Hellenenstadt besiedelt."[12] Herodot berichtet ähnlich:

„Die Athener aber waren keineswegs geneigt, Ionien aufzugeben und die Peloponnesier über ihre dortigen Pflanzstädte mitreden zu lassen."[13]

Ein Grund hierfür liefert Smarczyk. So konnte Athen als Metropolis Abgaben von ihren Kolonien fordern. Eine Umsiedlung der Ionier hätte sicher zum Verlust dieser Vormachtstellung und den damit zusammenhängenden finanziellen Einnahmen gestanden. Auch ermöglichte diese Vormachtstellung außenpolitische Handlungsmöglichkeiten, so dass Athen sich aus ganz pragmatischen Gründen gegen einen Umsiedlungsplan entscheiden musste.[14] Meyer führt den Gedanken noch weiter und will in dem Handeln Athens ein Konzept erkennen, welches auf Hegemonie ausgerichtet war.[15]

---

[8] Ebda., 417ff.
[9] Herodot, 9, 106.
[10] Petzold: 1993, S. 429ff.
[11] Diodor 11, 37.
[12] Thyk. I, 12.
[13] Herodot, 9, 106.
[14] Smarczyk: 1990: S. 424.
[15] Meyer: 1963, S. 417ff.

Der Umsiedlungsplan wurde also fallengelassen und die Peloponnesier willigten gerne ein. Den Grund hierfür sieht Petzold darin, dass Sparta froh gewesen sei, dass Athen ihnen dass Ionierproblem abgenommen habe. [16] Die Aufwertung Athens hätte Sparta zu diesem Zeitpunkt nicht erkannt. Dies sei ihnen erst nach der Samoskonferenz deutlich geworden. Gleichzeitig habe Sparta damit die Metropolisstellung Athens anerkannt.

Die Samoskonferenz[17] führte zu der Aufnahme der Inselioner, Chier und Lesbier in den Hellenenbund. Herodot schreibt:

„Und so nahmen sie die Samier und Chier und Lesbier und das übrige Volk der Inseln, die den Hellenen beistanden, in ihren Bund auf, und mussten einen heiligen Eid darauf schwören, dass sie dabei beharren wollten und nicht abtrünnig werden."[18]

Für Athen bedeutete das Ende der Samoskonferenz einen Machtgewinn. Sie konnten den Seekrieg gegen Persien weiterführen und sahen sich hier in der Vormachtstellung gegenüber Sparta. Weitaus wichtiger war aber die Tatsache, dass sie von nun an die neu gewonnenen Verbündeten, für die sie sich so eingesetzt hatten, auf ihrer Seite hatten. Ob sich zu diesem Zeitpunkt schon ein athenisches Konzept der Hegemonie erkennen lässt, ist fraglich und wird in der Forschungsliteratur kontrovers diskutiert.

Nach der Samoskonferenz *„segelten sie fort, um die Brücken abzubrechen, denn sie glaubten, dieselben Ständen noch. Diese also segelten nach dem Hellespontos."*[19] Dort angekommen fanden sie diese schon zerstört vor und die Spartaner segelten mit den Peloponnesiern in die Heimat zurück, da sie ihre Aufgabe für abgeschlossen ansahen.[20] Eine Weiterführung des Krieges lag nicht in ihrem Interesse.[21] *„Die Athener aber und ihr Oberster Xanthippos, [beschlossen] dazubleiben […] und belagerten Sestos."*[22]Anfangs verlief die Belagerung erfolglos und die Athener drängten schließlich auf eine Heimkehr, was Xanthippos ablehnte:

„Sie baten also ihre Obersten, sie nach Hause zurückzuführen; die aber verweigerten es, bis sie entweder die Stadt erobert oder die Gemeinde der Athener sie abberiefe; solchen Eifer hatten sie bei der Sache."[23]

---

[16] Petzold: 1993, S. 432.
[17] Vgl. Welwei: 1998, S. 172.
[18] Herodot, 9, 106.
[19] Ebda.
[20] Vgl., 9, 114.
[21] Petzold: 1993, S. 433.
[22] Herodot, 9, 114.
[23] Herodot, 9, 117.

Für Petzold unterstreiche dies die Hartnäckigkeit der Athener, die ihre Glaubwürdigkeit gegenüber den Ioniern unter Beweis stellen wollten.[24] Die Stadt wurde schließlich von ihnen eingenommen.[25]

Für Athen bedeutete der Sieg über Sestos einen weiteren Schritt in Richtung Vormachtstellung. Die Getreidestraße zwischen Ägäis und dem Schwarzen Meer war gesichert und die Ionier standen in einem engen Verhältnis zu Athen, da sie sich von dort aus Hilfe gegen die Perser versprechen konnten. Deutete sich schon hier eine Konstellation der Bündner an, wie sie später bei der Gründung des delisch- attischen Seebundes zustande kam? Meyer und Petzold bekräftigen diese These. Auch glauben Meyer und Steinbrecher eine auf Hegemonie ausgerichtete Flottenpolitik der Athener erkennen zu können. Dem widerspricht Petzold. Wenn den Athenern zu diesem Zeitpunkt schon an einem Hegemoniewechsel gelegen gewesen wäre, hätten sie schon jetzt ein separates Bündnis mit den Ioniern gesucht. Athen hätte die Gelegenheit nicht genutzt und die Führungsrolle Spartas weiter anerkannt.[26]

2.2 Gründung des delisch- attischen Seebundes

Im Jahr 478/77 v. Chr. gründete sich unter dem Oberkommando der Athener der delisch- attische Seebund. Zu diesem gehörten die Ionier und Hellespontier, also die Griechen, welche bereits bei der Belagerung von Sestos unter attischen Oberbefehl gekämpft hatten. Dieser Bund verfolgte das Ziel den Krieg gegen die Perser fortzusetzen, während sich Sparta und die Mitglieder des peloponnesischen Bundes endgültig aus dem Krieg zurückzogen. An dieser Stelle scheint es mir angemessen darauf zu verweisen, dass in der Forschungsliteratur die Existenz des delisch-attischen Seebundes als eigenständiges Bündnis angezweifelt wird. Vielmehr sei es nach Adalberto Giovanni eine Erfindung der neueren Forschung.[27] Der delisch-attische Seebund sei vielmehr der im Jahre 481 gegründete Hellenenbund selbst.[28] Diese These erscheint es mir würdig im Folgenden kurz hinterfragt zu werden. Als Begründung seiner These verweist Giovanni auf die Quellen, die an keiner Stelle die Gründung des delisch- attischen Seebundes im Zuge des Hegemoniewechsels 478/7 v. Chr. bezeugen könnten. Thukydides ließe in seinem Geschichtswerk „überhaupt

---

[24] Petzold: 1993, S. 435.
[25] Vgl. Herodot, 9, 118.
[26] Petzold: 1993, S. 435.
[27] Giovanni: 1980, S. 44.
[28] Ebda., S. 45.

nicht erkennen, dass beim Hegemoniewechsel ein neues Bündnis entstanden ist"[29]. Bei Herodot und anderen sei es ähnlich.[30] Auf den ersten Blick scheint Giovannis Schlussfolgerung richtig. Tatsächlich ist die Quellenlage bezüglich der Gründung des delisch- attischen Seebundes sehr dünn und nur bei Aristoteles lassen sich konkrete Hinweise auf einen geleisteten Eid der Bündner finden:

„Deshalb war es auch Aristeides, der den Städten zum ersten Mal die Abgaben festsetzte, im dritten Jahr nach der Seeschlacht bei Salamis, unter dem Archontat des Timosthenes, und den Ioniern schwor, dieselben Feinde und Freunde zu haben. Dazu versenkten sie auch Metallklumpen im Meer."[31]

Obwohl hier eindeutig von einem neuen Bündnis gesprochen wird, interpretiert Giovanni diesen Quellenbeleg nicht zu Gunsten eines neu entstandenen Bündnisses: dem delisch- attischen Seebund. Auch Welwei interpretiert die genannte Quelle[32] mit Plutarch: *„Aristeides ließ die Hellenen schwören und legte selbst den Eid ab für die Athener, wobei er unter Verwünschungen Metallklumpen ins Meer warf."*[33] in der Hinsicht, das ein Bündnis unter gegenseitiger Eides- Bekundung zwischen Athen und seinen Bundesgenossen abgeschlossen wurde.[34] Wird er auch in den Quellen meist unzureichend benannt, so steht doch fest, dass es ihn gegeben haben muss. Hierfür spricht die historische Ausgangslage um 487, die aufgrund der Spannungen innerhalb des Hellenbundes zu einem neuen Bündnis führen musste. Ließe sich auch über den Entstehungszeitraum streiten, so erscheint die Entstehung eines neuen Bündnissystems auch einleuchtend in der Hinsicht, das Athen einen wirksames Machinstrument gegen Sparta und dem pelponnesischen Bund schaffen musste, um selbst gleichberechtigt bestehen zu können.

Schuller verweist darauf, dass die Athener zwei Bezeichnungen für den delisch- attischen Seebund kannten. So hieß er zum einen *„Die Athener und ihre Bundesgenossen"* und zum anderen sprachen sie von den *„Städten, über die Athener die Gewalt haben."*[35] In diesen Bezeichnungen deutet sich an, dass es eine Entwicklung bezüglich der Bedeutung des Bundes gegeben haben muss. Im Folgenden sollen die unterschiedlichen Ambitionen der Bündnispartner betrachtet werden. Danach soll die erstarkende Rolle Athens näher erläutert werden.

---

[29] Ebda., S. 8.
[30] Ebda., S. 12 f.
[31] Aristoteles: Ath. Pol. 23, 5.
[32] Aristoteles. Ath. Pol. 23,5.
[33] Plutarch, Arist. 25,1.
[34] Vgl. Welwei: 1998, S. 173.
[35] Schuller: 1978, S. 10.

2.3 Ambitionen der Athener

Warum gründeten die Athener einen neuen Seebund und lösten damit den erst vor wenigen Jahren gegründeten Hellenbund faktisch auf? Dieser Frage will ich im Weiteren nachgehen. Die wirtschaftliche Lage seit 480 v. Chr. bedurfte einer Absicherung, da ein großes Maß an Geld für die Kriegsführung und insbesondere die Flotte Athens aufgebracht werden musste. Die ausgeweitete Flottenpolitik Athens, der Grundstein für eine erfolgreiche Außenpolitik und einen möglichen Hegemoniewechsel war, musste finanziert werden. Ein neues Bündnissystem, das zahlende Bündner an Athen band, gewährleistete die Finanzierung. In späteren Jahren war es dann die Flotte selbst, die die nötigen Gelder eintrieb, wenn Bündner zahlungsunwillig waren oder den Bund gar verlassen wollten.[36] Geld wurde aber nicht nur für die Flotte benötigt, sondern auch für die Bevölkerung Athens, die nach Reichtum und Wohlstand strebte. Somit lagen eine Erweiterung des Einzugsbereichs Athens und die Erschließung neuer Märkte sicherlich in ihrem Interesse. Konkret waren es die neuen Absatzmärkte in den kleinasiatischen Städten und die Märkte der neu gegründeten Kolonien in Thrakien. Diese Märkte bedurften einer Absicherung ebenso die dazugehörigen Transportwege auf der Ägäis. Mit der Gründung einer attischen Bürgerkolonie auf Skyros und der Sicherung der Getreideroute zum Schwarzen Meer waren erste Schritte in diese Richtung getan. Steinbrecher sah hierin bzw. mit Gründung des delisch- attischen Seebundes einen konsequenten Beginn Athens zur Arche. Die Bannung der Piratengefahr sieht er als offizielle Zielsetzung des Seebundes.[37]

Die Weiterführung des Perserkrieges lag gewiss im Interesse Athens, da es sich vor der Macht des Perserreichs bzw. vor möglichen Rachefeldzügen dieser fürchtete.[38] Thukydides schreibt hierzu:

„Fiel uns [Athener] doch grade diese Macht auch ohne Gewaltsamkeit zu, da ihr keine Lust hattet, gegen den Rest der Barbaren im Feld auszuharren und die Verbündeten sich an uns schlossen und selber baten, wir möchten die Führung übernehmen. Und dann zwang uns die Natur der Dinge selbst, unsere Herrschaft in der jetzigen Form auszubauen, hauptsächlich Furcht, dann die Ehre, schließlich auch

---

[36] Meyer: 1963, S. 439.
[37] Steinbrecher: 1985, S. 115f.
[38] Petzold: 1993, S. 421.

unser Vorteil; später hätten wir uns nicht mehr sicher gefühlt, nachdem wir bei den meisten verhasst waren, schon einige Abtrünnige unterworfen hatten [...][39].

Meiggs sieht bereits in dem Xerxeszug einen Rachefeldzug gegen Athen:

„fear was one of the motives fort he Athenian decision to accept the responsibilities of leadership, because Athens knew that she more than any other Greek state might have to face renewed attack from Persia.“[40]

Athen hatte also ebenso wie die ionischen Städte ein Interesse an der Weiterführung des Krieges. Ein weiterer Grund war der Wunsch nach Rache, auch wenn dies auf den ersten Blick kleinlich und eher nebensächlich erscheinen mag. Thukydides nennt den offiziellen Grund Athens Krieg gegen die Perser zu führen:

„Auf diese Weise bekamen die Athener die Führung, mit Zustimmung der Verbündeten, weil Pausanias verhasst war, und setzten nun fest, welche Städte Geld gegen die Barbaren beisteuern sollten und welche Schiffe – denn das Vorgeben war: Vergeltung erlittener Unbill durch Verwüstungen des königlichen Landes.“[41]

Sealey sieht hierin ein speziell ausgebildetes Verständnis über den Rachegedanken im 5. Jahrhundert in Griechenland. Er bezeichnet ihn als *„retailatory justification so characteristic for fifth century thought“*[42]. War der Rachegedanke also ein unmittelbarer Grund, der zur Gründung des Delisch- attischen Seebundes führte? Mit Einschränkung, denn sein Zweck war gewiss nicht darauf beschränkt. Schließlich war er ja auch nicht auf eine kurze Zeit beschlossen, sondern galt formal auf unbestimmte Zeit. Weiteres Ziel war die Befreiung bzw. die Gewährleistung der Freiheit der griechischen Städte in Kleinasien und die gewaltsame Eintreibung der Reparationen in Persien.[43] Bei Herodot finden wir genauere Angaben bezüglich der zu leistenden jährlichen Abgaben der Persischen Satrapien. Der Tribut wurde meist in Silber gezahlt.

„Wenn man das babylonische Geld auf euböisches bringt, so sind es 9880 Talente.“[44]

---

[39] Thuk. I, 75, 3.
[40] Meiggs: 1972, S. 43.
[41] Thuk. I, 96.
[42] Sealey: 1966, S. 237f.
[43] Ebda., S. 240.
[44] Herodot, 3, 95.

2.4 Ambitionen der Bündner

Welche Vorteile bot der delisch- attische Seebund den Bündnern? Gewiss verschaffte er ihnen wirtschaftliche Vorteile auch wenn die Forschungsliteratur teils der Meinung ist, dass Athen seine Bundesgenossen ausbeutete. Wahrscheinlicher nach Meigs[45] und Dahlheim[46] ist, dass es den Bündnern unter der Herrschaft Athens wirtschaftlich gut ging. Neben der Erschließung neuer Märkte war ein weiterer wichtiger wirtschaftlicher Punkt, dass die Piraterie durch die athenische Flotte bekämpft wurde. Insbesondere zur Anfangszeit des Bundes bestand eine große Piratengefahr in der Ägäis, ausgehend vor allem von den Dolopern auf Skyros. Aus diesem Grunde richtete sich die erste größere militärische Aktion nach Abschließung des Bündnisses gegen Skyros. Tukydides berichtet hierüber folgendes:

„Zuerst nahmen sie durch Belagerung Eion am Strymon, das von den Persern gehalten war, und machten die Einwohner zu Sklaven – Feldherr war Kimon Miltiades´Sohn; ebenso erging es den Dolopern auf Skyros, der Insel im Ägäischen Meer; beide besiedelten sie selbst."[47]

Die Bündner hatten vor allem militärische Interessen. So baten die kleinasiatischen Städte Athen um Hilfe gegen Persien. Wahrscheinlich wurden auch deswegen die athenischen Kolonien in Thrakien und am Hellespont als Schutzmaßnahme gegen Barbarenübergriffe gegründet. Schuller sieht dies als Begründung für ein Eigeninteresse der Bündner und auch darin, dass sie sich der athenischen Führungsrolle freiwillig unterstellten.[48] Wie schon aufgezeigt, wanden sie sich nicht an Sparta, da dieses an einer Weiterführung des Krieges in Kleinasien nicht mehr interessiert war. Dies finden wir auch in der Rede um 428 v. Chr. der Lesbier bei Thukydides:

„Unser Bündnis mit Athen begann, als ihr euch aus dem Persischen Krieg zurückzoget und sie im Feld ausharrten, um zu tun, was noch zu tun übrig war."[49]

Die gewaltlose Übertretung deckt sich auch mit:

„Seine [Pausanias] Abberufung traf die gleiche Zeit, da die Verbündeten, von ihm abstoßen, zu den Athener übergingen, außer den Soldaten der Peloponnes."[50]

---

[45] Meigs: 1972, S. 265-69.
[46] Dahlheim: 1994, S. 175f.
[47] Thuk. I, 98.
[48] Schuller: 1974, S. 82.
[49] Thuk., III, 10, 3.
[50] Thuk., I, 95, 4.

Diese Darstellungen unterstreichen einen wahrscheinlich eher freiwilligen Eintritt der Bündner in das Bündnis, aber auch, dass ein Hegemoniewechsel gewaltlos vollzogen wurde. Ein weiterer Grund, warum die Bevölkerung sich Athen zuwandte, war das tyrannische Auftreten Pausanias:

„Schon während dieser Führung aber verdroß die Hellenen sein [Pausanias] gewaltsames Wesen, vor allem die Ionier die jüngst vom Großkönig Befreiten. Sie gingen zu den Athenern und baten sie, ihre Führer zu werden, wegen ihrer gleichen Abstammung, und die Eigenmächtigkeiten des Pausanias nicht zu dulden [...]; denn viel Unrecht wurde ihm zur Last gelegt von den Hellenen, die nach Sparta kamen; und in seinem Gebaeren sah er offenbar einem Tyrannen ähnlicher als einem Feldherrn."[51]

Anstelle Pausanias sandten die Spartaner Dorkis allerdings mit nur einer kleinen Streitmacht. Dies zeigt dass geringe Interesse, das Sparta einer Weiterführung des Krieges entgegenbrachte. Thukydides schreibt weiter:

„Diesen [Dorkis] überließen die Verbündeten die Führung nicht mehr, und als sie das merkten, fuhren sie wieder ab, und andere schickten die Spartaner später nicht mehr hin, aus Sorge, die Fremde verdürbe ihnen ihre Leute, wie es ja an Pausanias erlebt hatten, und weil sie den Persischen Krieg satt hatten und Athen als Vormacht stark genug glaubten, mit dem sie ja im Augenblick gut standen."[52]

Die Bündner sahen in Athen einen geeigneten Schutzherrn. Aber warum ließen sie sich auf ein Bündnis ein, dass bei Gründung weder als direktes Ziel die Vernichtung der Perser anstrebte und zudem keine Einschränkungen gegen einen möglichen Wachstum der Macht Athens innerhalb des Bündnisses enthielt? Meyer stellt die These auf, dass die Bündner getäuscht wurden. So soll Aristeides den Bündnern die weitere Bekämpfung der Perser als Zweck des delisch- attischen Seebundes zwar zugesichert haben, diesen aber vertraglich nicht fixiert haben. Somit hätte der Bund formal keine bestimmte Aufgabe gehabt.[53] Wer Feind oder Freund wäre läge in der Entscheidungsgewalt Athens. Die Verwalter der Bundeskasse wurde von Athen gestellt und die Tatsache, dass im späteren Austrittsgesuche von Bündnern von Athen vereitelt wurden und die Gelder rücksichtslos für die Interessen Athens

---

[51] Thuk., I, 95, 1-3.
[52] Thuk., I, 95, 6-7.
[53] Meyer: 1963, S. 439.

eingesetzt wurden, wertet Meyer so, dass Athen schon bei Bündnisschluss die Absicht der Unterdrückung de Bündner hegte.[54]

2.5 Entwicklung der Kräfteverhältnisse innerhalb des delisch- attischen Seebundes

Im Laufe der Jahre wurde Athen innerhalb des Bündnisses immer stärker. Waren die Bündner an der Verschiebung der Machtstruktur selbst schuld? Gewiss traf sie zumindest eine Teilschuld. Ihnen war es freigestellt ihren Beitrag am Bündnis mit Geld oder Schiffen zu begleichen. Viele zogen anstatt der Schiffe und damit einer gemeinsamen Kriegsführung einen so genannten Phorosbetrag vor.[55] Hierdurch wurde die athenische Flotte immer mächtiger. Die Bündner hingegen, wenn sie von Athen abfallen sollten, besaßen weder Schiffe noch große Kampferfahrungen und mussten in diesem Falle unterlegen sein. Thukydides berichtet:

„Die Gründe zum Abfall waren mancherlei, hauptsächlich rückständige Beiträge und Schiffe, in manchen Fällen auch Verweigerung der Heeresfolge; denn die Athenertrieben die Summen streng ein, und mit Härte brauchten sie jeden Zwang gegen die Städte, die nicht die Gewohnheit noch auch den Willen zum beschwerlichen Dienst hatten. Auch sonst waren wohl die Athener nicht mehr ebenso beliebt als Herrscher; sie waren nicht mehr Kriegsgefährten gleichen Ranges und hatten es leicht, die Abtrünnigen zurückzuholen – das war der Verbündeten eigne Schuld: denn in ihrem Widerwillen gegen den Felddienst hatten die meisten von ihnen, um nicht von daheim fern sein zu müssen, statt Schiffen das entsprechende Betreffnis in Geld auflegen lassen, und so vergrößerten sie den Athenern die Flotte, indem sie die Kosten dafür zusammensteuerten, und sie selbst, sooft sie abfielen, begannen den Krieg ungerüstet und unerfahren."[56]

Eine dauerhafte Kriegsführung erweiterte die Macht Athens innerhalb des Bündnisses. Athen entwickelte sich zur einzigen schlagkräftigen Flottenstreitmacht. Die Bündner hatten schließlich auf den Aufbau einer eigenen Flotte verzichtet. Hinzu kam, dass nach einem Abfallversuch sämtliche Schiffe von Athen eingezogen wurden.

---

[54] Ebda., S. 438.
[55] Vgl. Welwei: 1998, S. 175.
[56] Thuk., I, 99.

13

Athen baute seine Herrschaft überdies durch die Ansiedlung athenischer Kolonisten aus. Waren sie zu Beginn nur auf nichtgriechisches Gebiet gelegt worden, so begann man sie nun auf dem Gebiet abgefallener Bundesgenossen anzusiedeln. So erging es z. B. Naxos und Thasos.[57] Gründe für den Abfall war zum einen die Tatsache, dass Athen primär eigene Interessen verfolgte und zum anderen, dass mit der Doppelschlacht am Eurymedon[58] für viele Bündner die Bedrohung der Perser gebannt und damit der eigentliche Zweck des Seebund nicht mehr gegeben war. Zum Abfall Thasos weiß Thukydides folgendes zu berichten:

„Einige Zeit später geschah es, dass die Thasier von ihnen abfielen; der Streit ging um die von ihnen ausgebeuteten Handelsplätze gegenüber in Thrakien und um das Bergwerk. Die Athener fuhren mit einer Flotte gegen Thasos, siegten in einer Seeschlacht und gingen an Land."[59]

Konnten die Athener anfangs in Thrakien noch nicht Fuß fassen, so ergaben sich die Thasier schließlich nach einer Belagerung von 3 Jahren:

„Es hatte die Mauer zu zerstören, seine Schiffe auszuliefern, an Geld soviel, wie ihre Schatzung bestimmte, sofort zu bezahlen und inskünftig beizusteuern und auf das Festland und das Bergwerk zu verzichten."[60]

Die Härte Athens zeigt sich hier in aller Deutlichkeit. Weiterhin von Vorteil war es, dass die Kommandanten des Bundesheeres stets Athener waren, dies kam ihnen im Falle eines Abfalls gegen die eigenen Bundesgenossen zu Gute. Auch waren die Besatzungen in vielen Städten athenischer Abstammung, somit sicherte Athen sich seinen Einzugsbereich.[61]

In den 60 Jahren des 5. Jahrhunderts kam es in Athen zum Durchbruch der Demokratie und hiermit ging auch das Verhältnis Athens zu seinen Bündnern in eine neue Phase über. Traten früher die führenden Familien mit den Herrschenden der Bündnerstädte zusammen, so müsste nun der Demos als Kollektiv den Bund leiten. Dies machte es für Athen notwendig den delisch- attischen Seebund zu rationalisieren, zu organisieren und zu vereinheitlichen. Wie schaffte Athen dies? Zunächst wurde in den politisch unstabilen Städten mit Hilfe des einheimischen Demos eine Demokratie nach athenischem Vorbild eingeführt.[62] Diese bedurften

---

[57] Welwei: 1998, S. 176f.
[58] Thuk., I, 100,1-2.
[59] Thuk., I, 100, 3-4.
[60] Thuk., I, 100, 5.
[61] Schuller: 1978, S. 7.
[62] Ebda., S. 8.

14

einer Absicherung von Seiten Athens und sicherte das Verbleiben diese Städte unter athenischer Herrschaft. Ein nächster Schritt war, dass den Archonten der Städte Beauftragte ausgegliedert wurden. Diese Episkopoi hatten die Funktion eines Aufsehers. Damit war es Athen möglich Verfassungsänderungen durchzuführen und zu überwachen.[63] Des weiteren traf die athenische Volksversammlung nun Verfügungen über die Bundesgenossen in eigener Zuständigkeit. Athen brach damit die ursprünglichen Verträge und schuf Gesetze die für alle Bündner rechtkräftig waren. Hierdurch wurden die anfangs freiwillig gezahlten Abgaben der Bundesgenossen verpflichtend. Athen führte eine einheitliche Währung ein. Ebenso wurden Maße und Gewichte vereinheitlicht. Die Bundeskasse mit ursprünglichem Sitz auf Delos, wurde auf die Akropolis verlegt und ließ die Bundesversammlung nicht mehr zusammentreten. Ein weiterer Schritt war die religiöse Bindung, die alle Bündner zu Töchterstädten Athens erklärte und sie zwang beim Panathenäenzug Gaben zu bringen.[64] Immer mehr Bündner fühlten sich durch diese Maßnahmen enger zu Athen gehörig. Hierdurch schaffte es Athen schließlich, sich seine Bundesgenossen Untertan zu machen.

3 Schlussbetrachtung

Zu Anfang wurde die Frage gestellt, ob Athen die Gründung des Delisch- attischen Seebundes unter dem Vorsatz der Machtergreifung, die auf einen Hegemoniewechsel zielte, und der Unterwerfung der Bündner bewusst vorantrieb? Diese Frage muss in Anbetracht der Forschungslage wohl mit nein beantwortet werden, auch wenn sich Athen im Laufe der Jahre zu einer solchen Führungsmacht entwickelt hat. Die ursprünglichen Ziele zu Beginn der Gründung reichten sicherlich noch nicht so weit. Der Hegemoniewechsel ist eher darauf zurückzuführen, dass Sparta sich dieser Aufgabe nicht mehr gewachsen war und sich seit der Konferenz von Samos immer mehr aus den Kriegshandlungen zurückzog und schließlich mit der Rückkehr Dorkis nach Sparta kein Interesse mehr an einem Krieg mit den Persern zeigte. Die Gründung des delisch- attischen Seebundes ist zu diesem Zeitpunkt mehr als verständlich, denn hier fanden sich alle Interessente zusammen, die einen Krieg gegen das Perserreich weiterführen wollten. Athen kam hierbei das Oberkommando zu, denn es besaß eine schlagfertige Flotte. In den folgenden Jahren führte der neu gegründete delisch- attische Seebund fast ununterbrochen

---

[63] Ebda., S. 9.
[64] Ebda., S. 9f.

Krieg. Athen wusste geschickt die Bündner an sich zu binden und sie sich schließlich Untertan zu machen. Drang der Seebund anfangs weiter in das persische Herrschaftsgebiet vor, so wurde er später vor allem von Seiten Athens genutzt, um sich gegen Sparta und den peloponesischen Bund zu richten. Zu diesem Zeitpunkt hatte es Athen geschafft, die Gemeinschaft des delisch- attischen Seebundes in ein organisiertes Herrschaftssystem Athens zu verwandeln.

4 Literaturverzeichnis

4.1 Primärquellen

Aristoteles: Athenaion Politeia, zitiert als Aristoteles, Ath., Pol.

Diodor: Histrische Bibliothek, zitiert als Diod.

Herodot: Die Geschichten des Herodotos, übersetzt von Friedrich Lange, Leipzig 1885, zitiert als Herodot.

Plutarch: Aristeides, zitiert als Plutarch Arist.

Thukydides: Geschichte des Peloponnesischen Krieges, übersetzt mit einer Einführung und Erläuterung versehen von Georg Peter Landmann, München 1993, zitiert als Thuk.

4.2 Sekundärquellen

Dahlheim, Werner: Die griechisch- römische Antike, Bd, 1, München 1994, zitiert als Dahlheim: 1994.

Giovannini, Adalberto: Thukydides und die Anfänge der athenischen Arche, Heidelberg: 1980, zitiert als Giovannini: 1980.

Meiggs, R.: The Athenian Empire, Oxford 1972, zitiert als Meiggs: 1972.

Meyer, H. D.: Vorgeschichte und Gründung des delisch- attischen Seebundes, in: Historia 12 (1963), zitiert als Meyer: 1963.

Petzold, K.- E.: Die Gründung des delisch- attischen Seebundes. Element einer imperialistischen Politik Athens I, in Historia 42 (1993), S. 418-443, zitiert als Petzold: 1993.

Schuller, Wolfgang: Die Herrschaft der Athener im ersten attischen Seebund, Berlin/New York 1974, zitiert als Schuller: 1974.

Schuller, Wolfgang: Die Stadt als Tyrann. Athens Herrschaft über seine Bundesgenossen, Konstanz 1978, zitiert als Schuller: 1978.

Sealey, R.: The origin of the Delian League, in: Ancient Society and Institutions, Oxford 1966, S. 233-255, zitiert als Sealey: 1966.

Smarczyk, B.: Untersuchungen zur Religionspolitik und politischen Propaganda Athens im delisch- attischen Seebund, München 1990, zitiert als Smarczyk: 1990.

Steinbrecher, M.: Der delisch- attische Seebund und die athenisch- spartanischen Beziehungen in der Kimonischen Ära, Stuttgart 1985, zitiert als Steinbrecher: 1985.

Welwei, Kar- Wilhelm: Die griechische Polis, 2., durchgesehene und erweiterte Auflage, Stuttgart 1998, zitiert als Welwei: 1998.